floral art **Structures** 2 en art floral

floral art

Structures 2

en art floral

Muriel Le Couls
Gil Boyard

Photographies: Pierre-Yves Duval

stichting
kunstboek

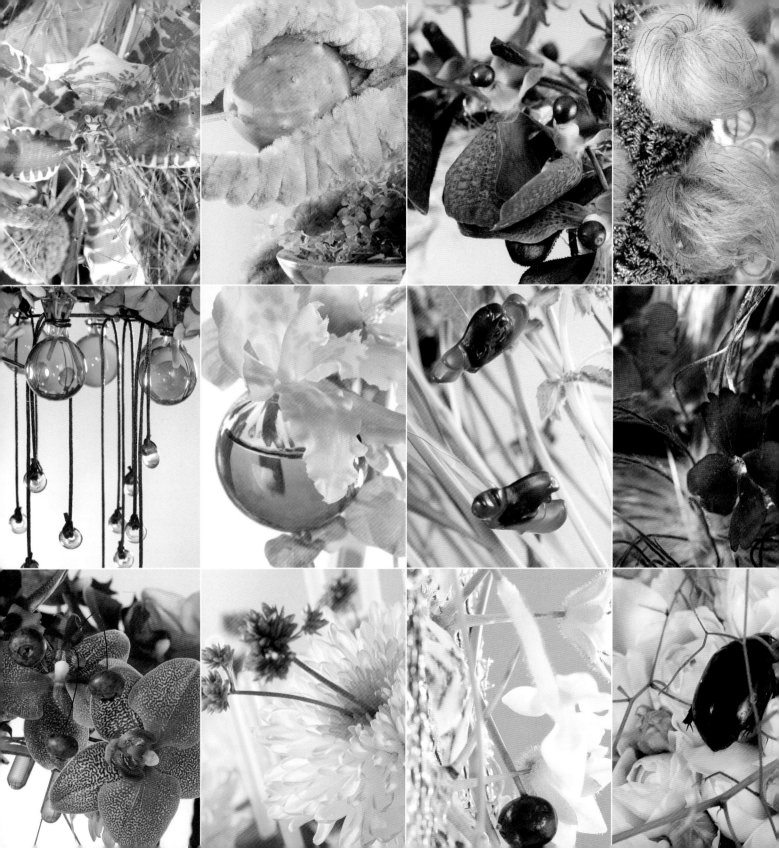

TABLE DES MATIÈRES | *TABLE OF CONTENTS*

PRÉFACE

Après le succès résonant de leur premier livre, *Structures en art floral*, et dans le prolongement de leur collaboration à de multiples concours, notamment la participation de Gil Boyard à la Coupe du Monde Florale 2010, Muriel et Gil ont décidé qu'il était temps de créer un nouvel ouvrage. Celui-ci exploiterait les matières et objets communs aux fleuristes pour inventer des compositions hors-du-commun.

Muriel et Gil ont une vision singulière qui leur permet de trouver la magie dans les matières quotidiennes, d'utiliser et de réutiliser des structures et des vases avec un esprit d'innovation intarissable. Cette créativité débridée, cette souplesse d'esprit, viennent du fait que leur priorité est la nature elle-même ; ils cherchent toujours à interpréter le monde végétal en utilisant les méthodes et les matières les plus merveilleuses. Leur travail de fleuriste fait vivre les structures avec une diversité étonnante, en offrant toujours de nouvelles dimensions à découvrir.

Ce livre est un exercice de créativité, à la fois un ouvrage sur leur travail et un mode d'emploi. Leurs suggestions sont ouvertes à une interprétation libre, et c'est maintenant votre tour de laisser la nature, les matières et *Structures 2* inspirer votre travail.

Lisa White
Horti-Culturaliste

PREFACE

After the resonant success of their first book, **Floral Art Structures***, and their defining experience working together in Gil Boyard's competition for the Interflora World Cup 2010, Muriel and Gil decided that it was time to create a new book that would use the common materials and objects of floristry to invent uncommon compositions.*

Muriel and Gil have a unique vision that allows them to find the magic in everyday materials, to use and re-use structures and vases with endless innovation. This is because their first concern is nature itself. They continually seek to interpret and re-interpret the vegetal world, associating it with the material world using the simplest, yet most marvellous methods possible. Their floristry work makes structures come alive with amazing diversity, always offering new dimensions to discover.

This book is an exercise in creativity, both a book of their work and a workbook. These dynamic suggestions are open to interpretation and it is now your turn to let nature, materials and **Structures 2** *freely inspire your work.*

Lisa White
Horti-Culturaliste

Bouquets de mariée

Esprit de plume
Feathery light

Papier abrasif
Abrasive paper

Scoubidou

Wedding bouquets

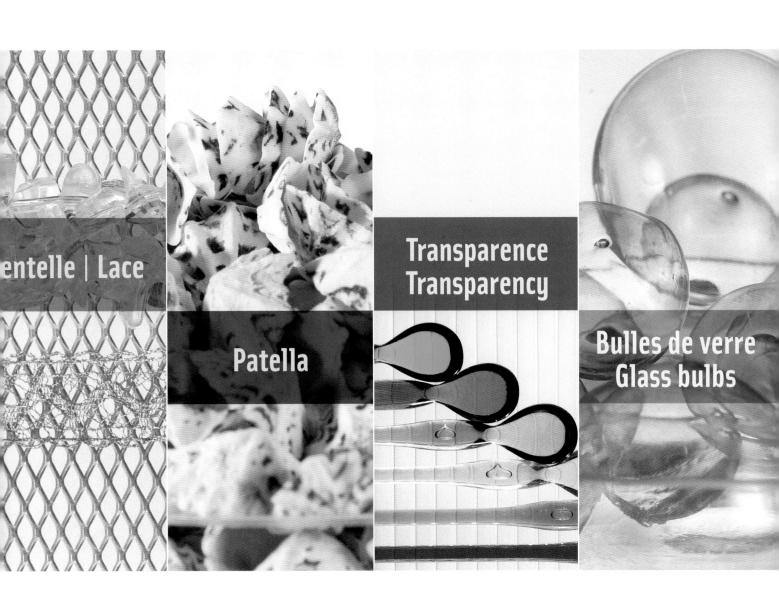

entelle | Lace

Patella

Transparence
Transparency

Bulles de verre
Glass bulbs

Esprit de plume | Feathery light Gil Boyard

MATIÈRE | *MATERIAL:* Graminée Stenophyllum séchée | *Dried, feathery plumes of Graminaceae*

p. 11 > BAOULÉ

DIMENSIONS:
H | *H:* 65 cm – L | *W:* 48 cm – P | *D:* 10 cm

VÉGÉTAUX | *BOTANICAL:*
Auracarpa rhombifolia • Cambria • Saintpaulia ionantha • Vanda coerulea 'Orange Magic'

ACCESSOIRES | *ACCESSORIES:*
Fil d'aluminium | *Aluminium wire*
Fil de fer floraltapé | *Iron wire wrapped in floral tape*
Fil de laiton zigzag | *Zigzag binding wire*
Perles en plastique | *Plastic pearls*

p. 12 > ÉVENTAIL / FAN

DIMENSIONS:
H | *H:* 45 cm – L | *W:* 45 cm – P | *D:* 2,5 cm

VÉGÉTAUX | *BOTANICAL:*
Arachnis • Hypericum 'Lemon Flair' • Hypericum 'Red Baron' • Nicolaeus rubrus • Sambucus nigra (fruit) • Viburnum opulus (fruit)

ACCESSOIRES | *ACCESSORIES:*
Fil de fer floraltapé | *Iron wire wrapped in floral tape*
Fil de laiton zigzag | *Zigzag binding wire*
Fil flashy rouge | *Flashy red thread*

p. 13 > TOTEM

DIMENSIONS:
H | *H:* 65 cm – L | *W:* 55 cm – P | *D:* 25 cm

VÉGÉTAUX | *BOTANICAL:*
Cissus reifolia • Oncidium • Vanda mokara

ACCESSOIRES | *ACCESSORIES:*
Fil d'aluminium | *Aluminium wire*
Fil de laiton | *Binding wire*
Graines de ricin | *Castor seeds*
Noix de coco | *Coconut*
Perles en plastique | *Plastic pearls*

Papier abrasif
Abrasive paper

Muriel Le Couls

MATIÈRE | *MATERIAL*:

Papier abrasif, différentes formes, couleurs et textures
Abrasive paper, different textures, colours and shapes

Scoubidou
Gil Boyard

MATIÈRE | *MATERIAL*: Fils de scoubidou de différentes couleurs | *Scoubidou thread in a variety of colours*

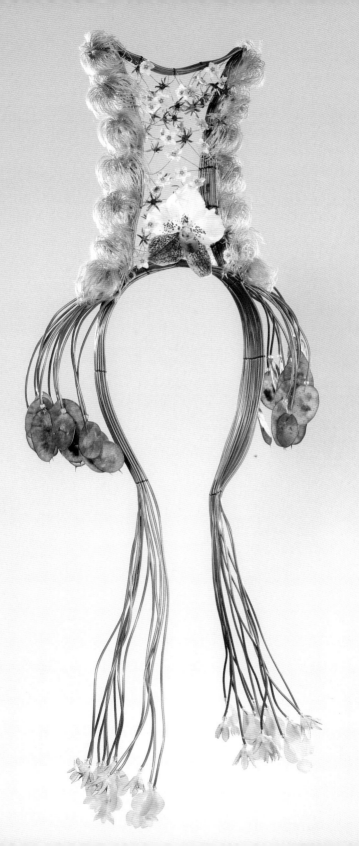

Dentelle | Lace Muriel Le Couls

MATIÈRE | *MATERIAL:* Dentelle de fer, dentelle de verre, dentelle de fil | *Metal lace, glass lace, wire lace*

p. 27 > DENTELLE DE FER METAL LACE

DIMENSIONS:
H | *H*: 80 cm – L | *W*: 30 cm – P | *D*: 4 cm

VÉGÉTAUX | *BOTANICAL*:
Cambria vuylstekeara • Hypericum 'White Condor' • Leucophyta brownii

ACCESSOIRES | *ACCESSORIES*:
Bijoux | *Jewellery*
Fil argent armé | *Silver wire*
Fil de laiton | *Binding wire*
Perles | *Pearls*
Socle en pierre | *Stone socle*

p. 28 > DENTELLE DE VERRE GLASS LACE

DIMENSIONS:
H | *H*: 50 cm – L | *W*: 30 cm – P | *D*: 15 cm

VÉGÉTAUX | *BOTANICAL*:
Ceropegia linearis • Delphinium 'Magic Fountain' • Phalaenopsis 'Mini Mark' • Saintpaulia diplotricha

ACCESSOIRES | *ACCESSORIES*:
Bijoux | *Jewellery*
Fil d'aluminium | *Aluminium wire*
Fil de laiton zigzag | *Zigzag binding wire*
Perles | *Pearls*

p. 29 > DENTELLE DE FIL WIRE LACE

DIMENSIONS:
H | *H*: 70 cm – L | *W*: 25 cm – P | *D*: 11 cm

VÉGÉTAUX | *BOTANICAL*:
Cambria adaglossum • Chrysanthemum 'Anastasia' • Sedum album

ACCESSOIRES | *ACCESSORIES*:
Cercles de cuivre | *Copper circles*
Fil de laiton zigzag | *Zigzag binding wire*
Perles | *Pearls*
Swarovski | *Swarovski crystals*
Tubes de cuivre | *Copper tubes*

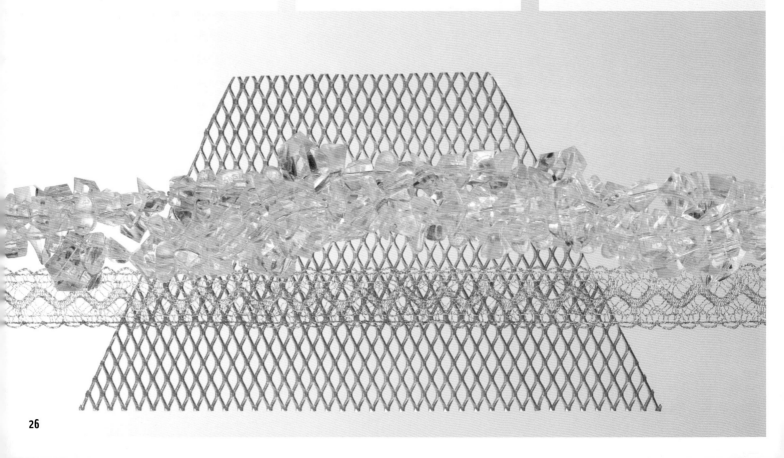

Patella   Gil Boyard

MATIÈRE | *MATERIAL:* Coquillage patella | *Patella shells*

p. 31 > ARIEL

DIMENSIONS:
H | *H*: 68 cm – L | *W*: 16 cm – P | *D*: 8 cm

VÉGÉTAUX | *BOTANICAL:*
Aeonium • Allium 'Bolero' • Lagerstroemia indica •
Saintpaulia ionantha • Schinus molle • Stacchys
baccata • Vanda 'Mokara Blue'

ACCESSOIRES | *ACCESSORIES:*
Fil de fer floraltapé | *Iron wire wrapped in
floral tape*
Fil de laiton | *Binding wire*
Fil de laiton zigzag | *Zigzag binding wire*

p. 32 > NAUTILUS

DIMENSIONS:
H | *H*: 65 cm – L | *W*: 10 cm – P | *D*: 10 cm

VÉGÉTAUX | *BOTANICAL:*
Amaranthus 'Desert Yearning' • Curcuma alismati-
folia 'Snow White' • Rosa polyantha (blanche)

ACCESSOIRES | *ACCESSORIES:*
Fil d'aluminium (1mm) | *Aluminium wire (1mm)*
Cône en carton | *Cardboard cone*
Fil de laiton zigzag | *Zigzag binding wire*

p. 33 > MANTA

DIMENSIONS:
H | *H*: 50 cm – L | *W*: 32 cm – P | *D*:26 cm

VÉGÉTAUX | *BOTANICAL:*
Asparagus 'Medeola' • Euphorbia milii • Ludisia
discolor • Nerine bowdenii 'White Swan' •
Sambucus nigra (fructus) • Sedum alba

ACCESSOIRES | *ACCESSORIES:*
Fil de laiton zigzag | *Zigzag binding wire*
Perles plastique noir | *Black plastic pearls*

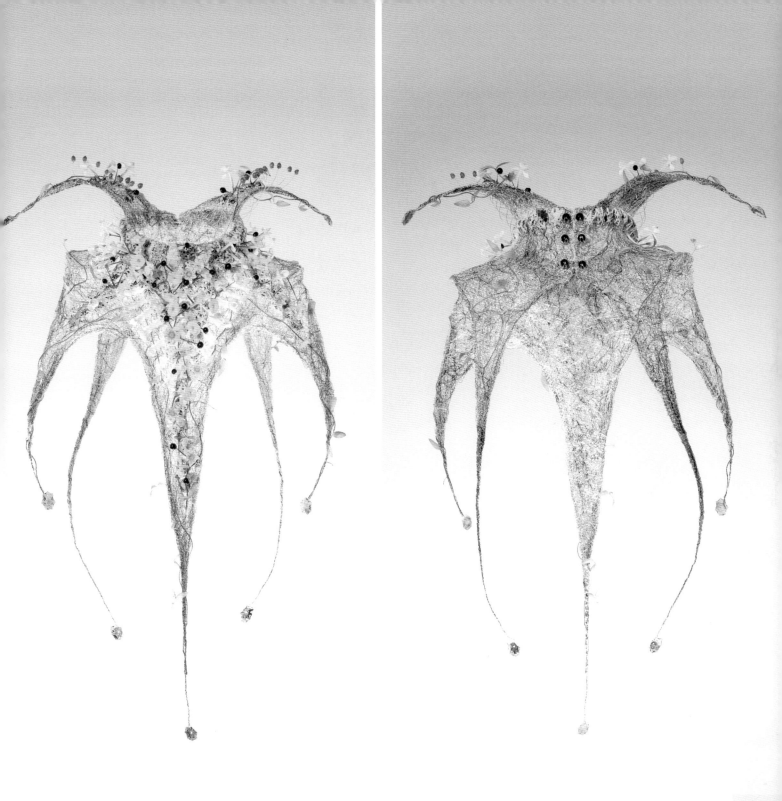

Transparence
Transparency

Muriel Le Couls

MATIÈRE | *MATERIAL:*

Pipettes Pasteur, matière plastique transparente,
cuillères à cocktail différentes couleurs
Pasteur pipettes, transparent plastic,
plastic cocktail spoons in a variety of colours

Bulles de verre | Glass bulbs Gil Boyard

MATIÈRE | *MATERIAL*: Boules de verre de différents diamètres | *Round glass containers with different diameters*

p. 39 > DIAMANT | DIAMOND

DIMENSIONS:
H | *H*: 38 cm – L | *W*: 15 cm – P | *D*: 15 cm

VÉGÉTAUX | *BOTANICAL*:
Allium vineale • Hoya bella • Hydrangea macrophylla 'You & Me' • Scabiosa stellata

ACCESSOIRES | *ACCESSORIES*:
Diamant Swarovski | *Swarovski diamond*
Fil de nylon | *Nylon thread*
Perles diverses | *Pearls*

p. 40 > BRACELET

DIMENSIONS:
H | *H*: 46 cm – L | *W*: 10 cm – P | *D*: 32 cm

VÉGÉTAUX | *BOTANICAL*:
Astrantia 'Snow Star' • Clematis alba (fruit) • Columnea arguta • Euphorbia milii • Nerine bowdenii 'White Swan'

ACCESSOIRES | *ACCESSORIES*:
Diverses perles en plastique | *Plastic pearls*
Fil d'aluminium | *Aluminium wire*
Fil de laiton | *Binding wire*
Fil de laiton zigzag | *Zigzag binding wire*
Fil de scoubidou | *Scoubidou thread*

p. 41 > RIVIÈRE | RIVER

DIMENSIONS:
H | *H*: 70 cm – L | *W*: 23 cm – P | *D*: 10 cm

VÉGÉTAUX | *BOTANICAL*:
Gypsophila 'Million Stars' • Hydrangea macrophylla • Hypericum 'White Condor' • Phalaenopsis

ACCESSOIRES | *ACCESSORIES*:
Fil de laiton argent | *Silver binding wire*
Fil de nylon | *Nylon thread*
Fils de scoubidou transparent | *Transparent Scoubidou thread*
Perles plastiques | *Plastic pearls*
Vase en pvc transparent | *Clear PVC vase*

Structures réutilisables

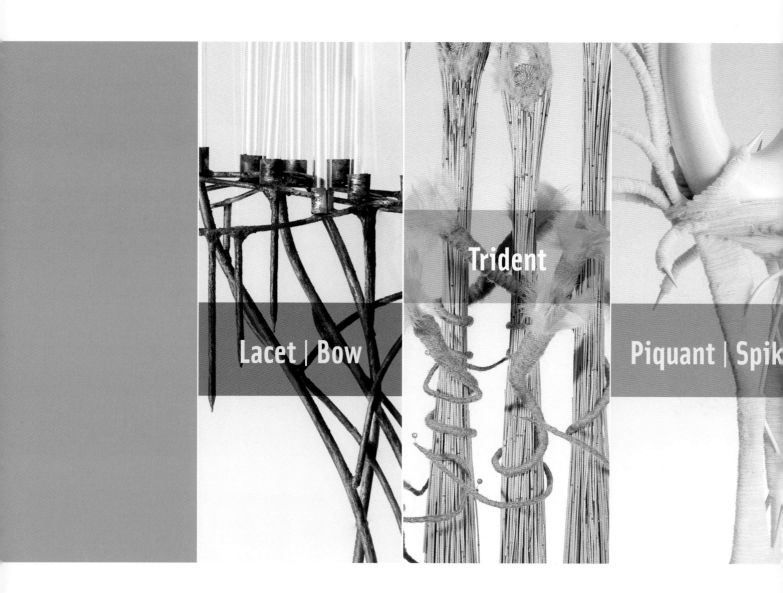

Lacet | Bow

Trident

Piquant | Spik

Reusable structures

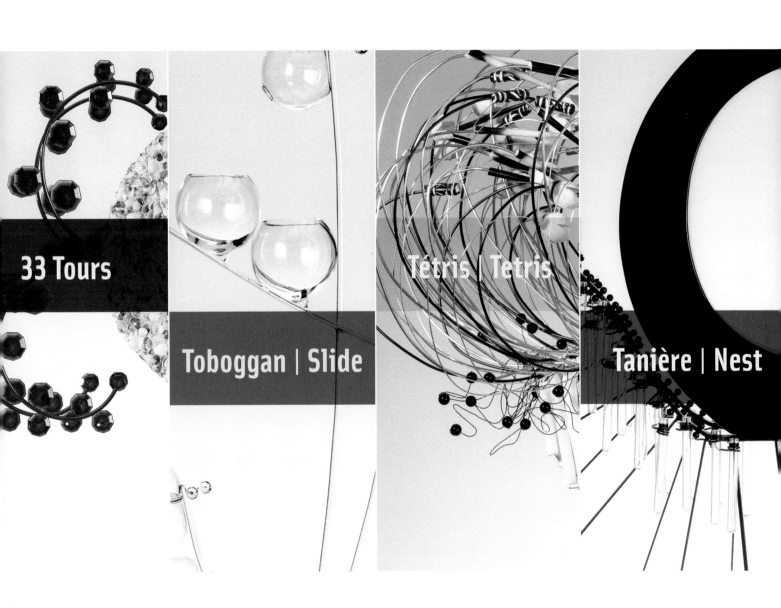

33 Tours

Toboggan | Slide

Tétris | Tetris

Tanière | Nest

Lacet | Bow

Muriel Le Couls

MATIÈRE | *MATERIAL:*

Tiges de métal rondes soudées en forme chandelier, tiges creuses pour le maintien des pipettes et plateau pour la stabilité. Pipettes en verre, bougies candélabres
Round metal sticks welded together in the shape of a chandelier, short hollow rods to hold the tubes, glass tubes and pillar candles

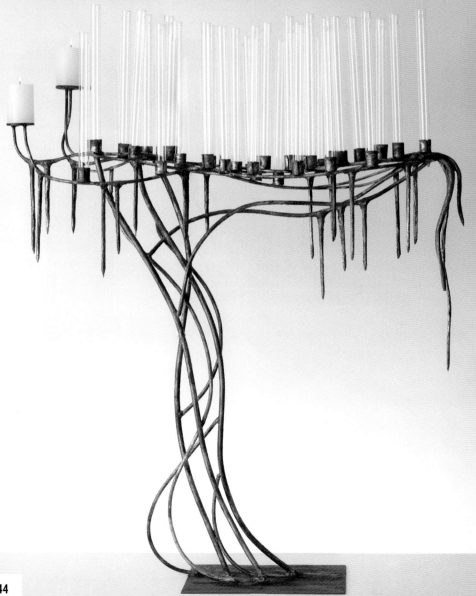

p. 45 > JARDIN DE ROSES
ROSE GARDEN

DIMENSIONS:
H | *H:* 145 cm – L | *W:* 100 cm – P | *D:* 40 cm

VÉGÉTAUX | *BOTANICAL:*
Clematis • Muehlenbeckia complexa • Passiflora caerulea • Rosa • Rosa 'Avalanche' • Rosa 'Miko' • Stephanotis floribunda

ACCESSOIRES | *ACCESSORIES:*
Billes d'eau | *Water gel*
Bougies rondes | *Sphere candles*
Pipettes en verre (20cm, 30cm, 40cm) | *Glass tubes*

p. 46 > ARROSAGE AUTOMATIQUE
SELF-WATERING

DIMENSIONS:
H | *H:* 145 cm – L | *W:* 105 cm – P | *D:* 40 cm

VÉGÉTAUX | *BOTANICAL:*
Carex comans (bronze) • Melia azedarach • Rhipsalis • Zantedeschia

ACCESSOIRES | *ACCESSORIES:*
Carrés en céramique | *Ceramic squares*
Perles | *Pearls*
Ruban diamant | *Diamond ribbon*
Tuyau d'arrosage | *Hose pipe*

p. 47 > POTAGER
VEGETABLE GARDEN

DIMENSIONS:
H | *H:* 160 cm – L | *W:* 100 cm – P | *D:* 40 cm

VÉGÉTAUX | *BOTANICAL:*
Anthurium 'Lumina' • Arum 'Ethiopicum' • Haricots Borlotti | *Borlotti beans* • Passiflora alata • Viburnum opulus (fructus)

ACCESSOIRES | *ACCESSORIES:*
Bougies cylindriques | *Cylindrical candles*
Colorant | *Colouring agent*
Pipettes en verre (40cm) | *Glass tubes*

Trident

Gil Boyard

DIMENSIONS:
H | *H*: 110 cm • L | *L*: 50 cm • P | *D*: 10 cm

MATIÈRE | *MATERIAL*:
Chandelier en céramique grise, tiges filetées, fils de fer floraltapés, rekoala gris (Cannamois virgata), pipettes en quenouille de sisal synthétique, plumes, boules en fil de laiton
Grey ceramic chandelier, stud bolts, iron wire wrapped in floral tape, grey rekoala grass (Cannamois virgata), tubes covered in artificial sisal stalks, down feathers, balls made of binding wire

p. 49 > **AUBE | DAWN**

DIMENSIONS:
H | *H*: 110 cm – L | *W*: 70 cm – P | *D*: 20 cm

VÉGÉTAUX | *BOTANICAL*:
Dahlia • Hypericum 'Honey Flair' • Rosa (hips) • Salvia

p. 50 > **AURORE | DAYBREAK**

DIMENSIONS:
H | *H*: 115 cm – L | *W*: 70 cm – P | *D*: 20 cm

VÉGÉTAUX | *BOTANICAL*:
Lithops • Polianthes tuberosa • Zantedeschia aethiopica

ACCESSOIRES | *ACCESSORIES*:
Coquillage (sea biscuits) | *Sea biscuit (shell)*
Épingles à tête | *Pins*
Fil à bonsaï | *Bonsai wire*

p. 51 > **ZÉNITH | ZENITH**

DIMENSIONS:
H | *H*: 110 cm – L | *W*: 85 cm – P | *D*: 20 cm

VÉGÉTAUX | *BOTANICAL*:
Anigozanthos • Datura stramonium (fruit) • Guzmania • Protea 'Pincushion'

ACCESSOIRES | *ACCESSORIES*:
Glass tubes | *Pipettes en verre*

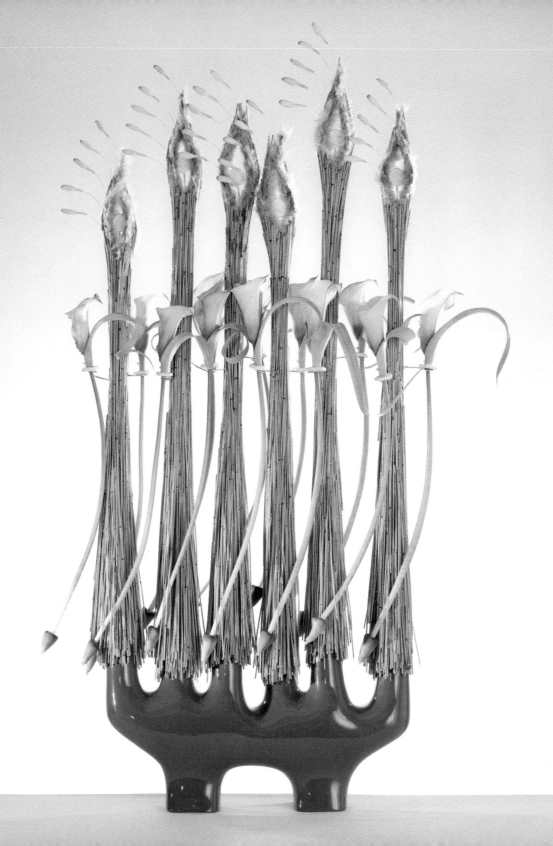

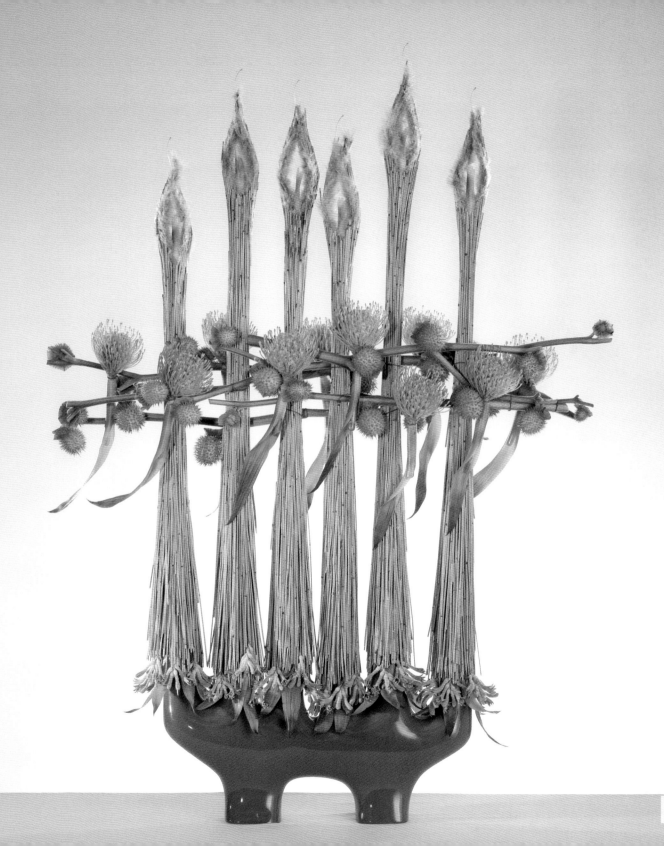

Piquant | Spiky

Muriel Le Couls

MATIÈRE | *MATERIAL:*

Tiges de métal rondes soudées, recouvertes de cure pipe blanc. Vase blanc en céramique
Round metal sticks, welded together and covered in white pipe cleaners. White ceramic vase

p. 53 > LIANE

DIMENSIONS:
H | *H:* 170 cm – L | *W:* 80 cm – P | *D:* 35 cm

VÉGÉTAUX | *BOTANICAL:*
Chrysanthemum 'Anastasia' • Ornithogalum arabicum
Rosa canina 'Inermis' • Rosa rubiginosa (Eglantier) •
Zantedeschia

ACCESSOIRES | *ACCESSORIES:*
Anneaux en céramique | *Ceramic rings*
Fil de laiton | *Binding wire*
Pâte de riz | *Rice noodles*

p. 55 > BRANCHE | BRANCH

DIMENSIONS:
H | *H:* 160 cm – L | *W:* 80 cm – P | *D:* 35 cm

VÉGÉTAUX | *BOTANICAL:*
Agave scabra • Crassula ovata • Hoya linearis •
Pilea 'Moon Valley' • Saintpaulia ionantha •
Sedum 'Lemon Ball' • Tillandsia usneoides

ACCESSOIRES | *ACCESSORIES:*
Fil de laiton | *Binding wire*

p. 57 > BOURGEON | BUD

DIMENSIONS:
H | *H:* 155 cm – L | *W:* 70 cm – P | *D:* 40 cm

VÉGÉTAUX | *BOTANICAL:*
Amaranthus caudatus • Lonicera flammula • Ludisia
discolor • Panicum miliaceum

ACCESSOIRES | *ACCESSORIES:*
Buddha nuts (bleached)
Chrysalides | *Chrysalis (cocoon)*
Rotin plat | *Flat rattan*

33 Tours
Gil Boyard

DIMENSIONS:
H | *H*: 76 cm – L | *L*: 32 cm – P | *D*: 37 cm

MATIÈRE | *MATERIAL*:
Pied en métal chromé, tiges de fer, disques de coquillages, Antoinette (Koziol)
Chromium base, metal poles, sea shells and Antoinette (Koziol)

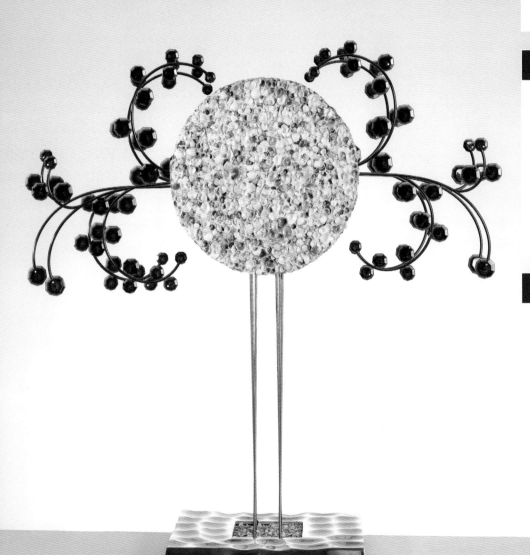

p. 59 > RAYÉ | LINED

DIMENSIONS:
H | *H*: 96 cm – L | *W*: 115 cm – P | *D*: 35 cm

VÉGÉTAUX | *BOTANICAL*:
Amaranthus caudatus • Dracaena • Nepenthes •
Peperomia caperata • Phalaenopsis 'Omega'

ACCESSOIRES | *ACCESSORIES*:
Fil de fer floraltapé | *Iron wire wrapped in floral tape*
Lia (Koziol)
Pipettes souples sur mesure | *Flexible tubes
(made to measure)*

p. 61 > FUITE | ESCAPE

DIMENSIONS:
H | *H*: 90 cm – L | *W*: 75 cm – P | *D*: 37 cm

VÉGÉTAUX | *BOTANICAL*:
Aechmea racinae • Bixa orellana • Dahlia •
Vriesea carinata

ACCESSOIRES | *ACCESSORIES*:
Lia (Koziol)
Boules de verre | *Glass balls*
Feutrine | *Felt*

p. 63 > BAROQUE

DIMENSIONS:
H | *H*: 85 cm – L | *W*: 100 cm – P | *D*: 37 cm

VÉGÉTAUX | *BOTANICAL*:
Solanum melongena • Vanda coerulea

ACCESSOIRES | *ACCESSORIES*:
Coques d'oursin | *Sea urchin shells*
Fil d'aluminium (1mm) | *Aluminium thread*
Fil de laiton zigzag | *Zigzag binding wire*
Perles plastiques | *Plastic pearls*
Pipettes en verre | *Glass tubes*

Toboggan | Slide

Muriel Le Couls

MATIÈRE | *MATERIAL:*

Tiges de métal plates soudées en forme bascule. Pipettes 'bulle de verre'
Flat metal sticks soldered together in the shape of a scale, round glass tubes

Tétris | Tetris   Gil Boyard

DIMENSIONS:

H | *H*: 80 cm – L | *L*: 60 cm – P | *D*: 60 cm

MATIÈRE | *MATERIAL*:

Pieds en métal recouvert de mitsumata blanc, pics noirs et blancs, coupe carrée en metal chromé, divers fils à bonsaï, fil de laiton, diverses perles noires, boule oasis et bakula séché (Mimusops elengi)
Metal base covered in white mitsumata and shaped with black and white quills, a square chromium dish, various strings of bonsai wire, a variety of black pearls, a floral foam ball (Oasis), binding wire and dried bakula (Mimusops elengi)

Tanière | Nest
Muriel Le Couls

MATIÈRE | MATERIAL: Tiges de métal plates soudées pour former la structure double. Pipettes en verre et vase noir en résine | *Metal sticks welded together, glass tubes and a black resin vase*

**p. 75 > TANIÈRE EN GESTATION
BIRTH NEST**

DIMENSIONS:
H | *H*: 100 cm – L | *W*: 100 cm – P | *D*: 35 cm

VÉGÉTAUX | *BOTANICAL*:
Aristolochia grandiflora • Ceropegia linearis • Hydrangea paniculata • Musa balbisiana • Phalaenopsis 'Red Delight' • Rosa 'Yves Piaget' • Tillandsia xerographica • Vaccinium myrtillus

ACCESSOIRES | *ACCESSORIES*:
Fil de laiton | *Binding wire*
Laine noire | *Black wool*
Pipettes | *Tubes*

**p. 76 > TANIÈRE ANIMALE
ANIMAL SHELTER**

DIMENSIONS:
H | *H*: 100 cm – L | *W*: 100 cm – P | *D*: 35 cm

VÉGÉTAUX | *BOTANICAL*:
Beallara (Cambria) • Catalpa bungei • Malus baccata • Malus sylvestris • Sanseveria trifasciata

ACCESSOIRES | *ACCESSORIES*:
Fil de laiton | *Binding wire*
Perles | *Pearls*
Pipettes | *Tubes*

**p. 77 > TANIÈRE VÉGÉTALE
VEGETAL NEST**

DIMENSIONS:
H | *H*: 150 cm – L | *W*: 100 cm – P | *D*: 35 cm

VÉGÉTAUX | *BOTANICAL*:
Coryllus avellana 'Contorta' • Hydrangea macrophylla • Passiflora caerulea • Plumbago capensis • Prunus laurocerasus (fructus) • Salvia officinalis • Senecio rowleyanus • Vanda coerulea

ACCESSOIRES | *ACCESSORIES*:
Anneaux de verre | *Glass rings*
Colorant | *Colouring agent*
Fil d'aluminium | *Aluminium wire*
Fil satin | *Satin thread*
Pipettes rondes | *Glass bulbs*

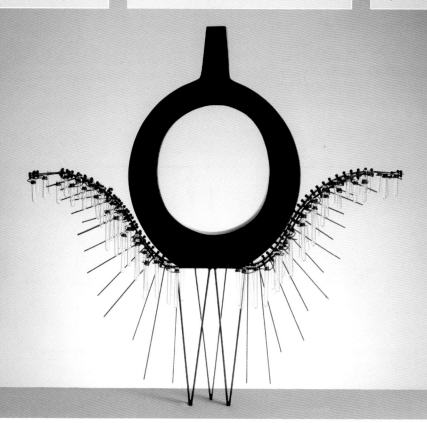

Vases customisés

Ardoise | Slate

Nougat

Nero

Custom vases

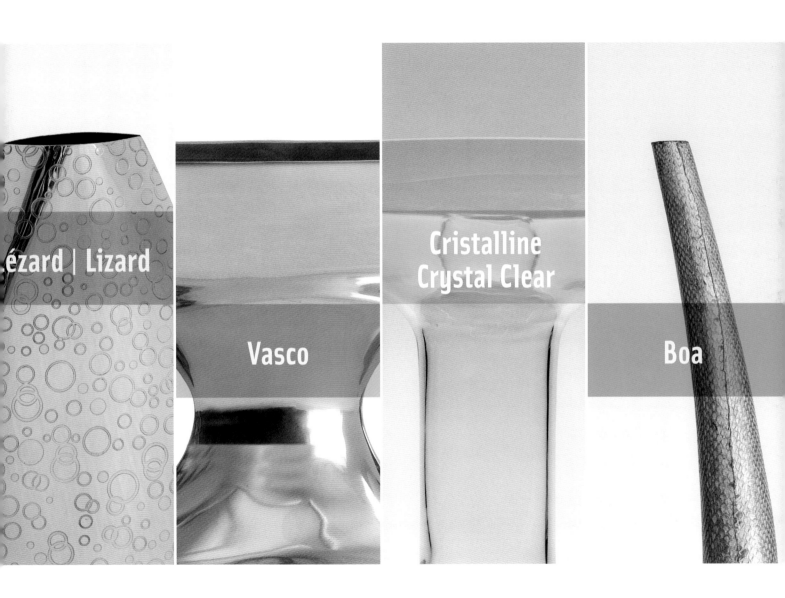

Lézard | Lizard

Vasco

Cristalline
Crystal Clear

Boa

Ardoise | Slate

Gil Boyard

DIMENSIONS:
H | *H*: 29 cm – L | *L*: 15 cm – P | *D*: 15 cm

MATIÈRE | *MATERIAL*:
Vase rectangulaire en fibre composite aspect ardoise
Rectangular vase with a rough slate look

p. 81 > VERT TIGE | GREENERY

DIMENSIONS:
H | *H*: 100 cm – L | *W*: 75 cm – P | *D*: 40 cm

VÉGÉTAUX | *BOTANICAL*:
Chrysanthemum 'Boris' • Chrysanthemum 'Zembla Lime' • Cyperus papyrus • Sanseveria

ACCESSOIRES | *ACCESSORIES*:
Ardoises | *Pieces of slate*
Fil de laiton zig zag | *Zigzag binding wire*
Pipettes en verre | *Glass tubes*
Tiges en Plexiglas vert fluo | *Green flourescent Plexiglass sticks*

p. 82 > ÉCLOSION | AWAKENING

DIMENSIONS:
H | *H*: 77 cm – L | *W*: 125 cm – P | *D*: 20 cm

VÉGÉTAUX | *BOTANICAL*:
Lathyrus odoratus • Physalis • Vanda coerulea 'Springtime Blue'

ACCESSOIRES | *ACCESSORIES*:
Amoebe (Koziol) | *Amoebe* (Koziol)
Ecorces de fougères arborescentes | *Fern bark*
Liens de caoutchouc | *Rubber bands*
Papillons (Morpho aega) | *Butterflies (Morpho aega)*
Pipettes en forme de cocons | *Cocoon shaped tubes*
Pipettes en verre | *Glass tubes*

p. 84 > DOLMEN

DIMENSIONS:
H | *H*: 105 cm – L | *W*: 55 cm – P | *D*: 32 cm

VÉGÉTAUX | *BOTANICAL*:
Gloriosa superba • Passiflora caerulea (fruit) • Scadoxus 'Orange Wonder' • Tropaeolum majus

ACCESSOIRES | *ACCESSORIES*:
'Leaf' en plastique (Koziol) | *Plastic leaf (Koziol)*
Fil de fer | *Iron wire*
Galets en mousse hydratable Oasis | *Oasis floral foam brick*

Nougat

Muriel Le Couls

MATIÈRE | *MATERIAL:*

Vase en résine recouvert de céramique
Resin vase covered in ceramic tiles

Nero Gil Boyard

DIMENSIONS:
H | *H*: 100 cm – L | *L*: 17 cm – P | *D*: 17 cm

MATIÈRE | *MATERIAL*:
Vase Soliflor en pâte de verre noir
Black Soliflor vase (pâte de verre)

p. 91 > FLEUR DE LAINE
WOOL FLOWER

DIMENSIONS:
H | *H*: 140 cm – L | *W*: 70 cm – P | *D*: 70 cm

VÉGÉTAUX | *BOTANICAL*:
Aeonium • Cosmos atrosanguinea •
Lathyrus odoratus • Tillandsia xerographica

ACCESSOIRES | *ACCESSORIES*:
Fil de fer | *Iron wire*
Fleur reconstituée | *Flower (reconstituted)*
Laine cardée grise | *Grey hand spun wool*
Perles plastiques noires | *Black plastic pearls*
Pipettes en verre | *Glass tubes*

p. 92 > FLEUR DE CACTUS
CACTUS FLOWER

DIMENSIONS:
H | *H*: 125 cm – L | *W*: 125 cm – P | *D*: 45 cm

VÉGÉTAUX | *BOTANICAL*:
Ceropegia woodii • Kalanchoe blossfeldiana •
Vanda coerulea 'Black Magic'

ACCESSOIRES | *ACCESSORIES*:
Boules de noël noires | *Black Christmas baubles*
Branchage reconstitué fuschia | *Fuchsia branches (reconstituted)*
Fil de laiton zigzag | *Zigzag binding wire*
Guirlandes plastiques noires | *Black plastic garlands*
Pampilles | *Chandelier trimmings*

Lézard | Lizard

Muriel Le Couls

MATIÈRE | *MATERIAL:*

Vase en métal, motif lézard
Metal vase with embossed lizard-skin motif

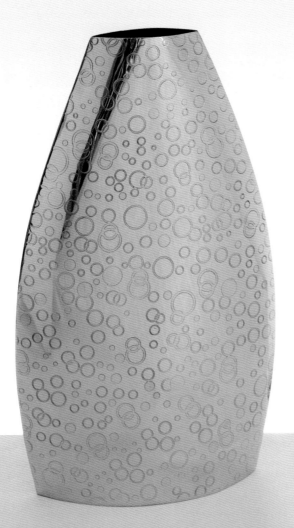

p. 95 > MAHONGWÉ

DIMENSIONS:
H | *H:* 80 cm - L | *W:* 60 cm - P | *D:* 20 cm

VÉGÉTAUX | *BOTANICAL:*
Cosmos sulphureus • Melia azedarach •
Tropaeolum majus

ACCESSOIRES | *ACCESSORIES:*
Fil argent | *Silver wire*
Perles | *Pearls*
Pipettes | *Tubes*
Tiges de fer | *Metal sticks*

p. 96 > BAMILÉKÉ

DIMENSIONS:
H | *H:* 60 cm - L | *W:* 35 cm - P | *D:* 20 cm

VÉGÉTAUX | *BOTANICAL:*
Dendrobium nobilis • Lonicera flammula • Melia
azedarach • Rhipsalis baccifera

ACCESSOIRES | *ACCESSORIES:*
Boules en bois | *Wooden balls*
Fil de laiton | *Binding wire*
Grattoir éponge | *Steel scourer*
Pipettes | *Tubes*
Tiges de fer | *Metal sticks*

p. 97 > ARAWAK

DIMENSIONS:
H | *H:* 50 cm - L | *W:* 40 cm - P | *D:* 20 cm

VÉGÉTAUX | *BOTANICAL:*
Sedum morganianum • Spathiphyllum

ACCESSOIRES | *ACCESSORIES:*
Paille de fer | *Steel wool*
Perles | *pearls*
Pipettes | *Tubes*
Tiges de fer | *Metal sticks*

Vasco Gil Boyard

DIMENSIONS: H | *H*: 26 cm – L | *W*: 80 cm – P | *D*: 18 cm
MATIÈRE | *MATERIAL:* Vasque en métal chromé | *Chrome plate*

---

p. 100 > VORACE | GLUTTONOUS

DIMENSIONS:
H | *H*: 56 cm – L | *W*: 110 cm – P | *D*: 28 cm

VÉGÉTAUX | *BOTANICAL:*
Cucumis metuliferus • Hypericum 'Green Condor' •
Soleirolia soleirolii

ACCESSOIRES | *ACCESSORIES:*
Fil PVC vert | *Green PVC wire*
Quenouilles en chenille | *Chenille pipe cleaner*

---

p. 103 > GOURMAND

DIMENSIONS:
H | *H*: 56 cm – L | *W*: 84 cm – P | *D*: 30 cm

VÉGÉTAUX | *BOTANICAL:*
Brisa (Graminacée) • Hydrangea macrophylla •
Vanda coerulea 'White Magic'

ACCESSOIRES | *ACCESSORIES:*
Bâtons de cannelle | *Cinnamon quills*
Fil de fer | *Iron wire*
Fil de laiton zigzag | *Zigzag binding wire*
Nougat
Perles | *Pearls*
Pipettes en verre | *Glass tubes*
Rustic wire (Oasis)

---

p. 104 > INFUSÉ | INFUSION

DIMENSIONS:
H | *H*: 60 cm – L | *W*: 150 cm – P | *D*:40 cm

VÉGÉTAUX | *BOTANICAL:*
Brisa (Graminacée) • Craspedia globosa • Panicum
'Fountain' • Rossioglossum 'Rawdon Jester' •
Setaria viridis

ACCESSOIRES | *ACCESSORIES:*
Fil à bonsaï | *Bonsai wire*
Fil de laiton | *Binding wire*
Fil flashy (Oasis) | *Aluminium wire (Oasis)*
Pipettes en verre | *Glass tubes*
Rustic wire (Oasis)
Stachys baccata (stabilise)

Cristalline
Crystal Clear

Muriel Le Couls

MATIÈRE | *MATERIAL*:

Vase en verre
Glass vase

Boa Gil Boyard

DIMENSIONS:
H | *H*: 50 cm – L | *L*: 27 cm – P | *D*: 15 cm

MATIÈRE | *MATERIAL*:
Vase en résine recouvert de peau de serpent
Resin vase covered in snake's skin

p. 113 > **SERPENT À PLUMES**
FEATHERED SNAKE

DIMENSIONS:
H | *H*: 50 cm – L | *W*: 80 cm – P | *D*: 15 cm

VÉGÉTAUX | *BOTANICAL*:
Hypericum 'Lemon Flair' •
Phalaenopsis Chromium Emperor 'Rising Sun'

ACCESSOIRES | *ACCESSORIES*:
Fil à bonsaï | *Bonsai wire*
Fil de laiton | *Binding wire*
Fil de laiton zigzag | *Zigzag binding wire*
Pipettes en verre | *Glass tubes*
Plumes d'autruche | *Ostrich feathers*

p. 115 > **SERPENT À SONNETTE**
RATTLE SNAKE

DIMENSIONS:
H | *H*: 66 cm – L | *W*: 43 cm – P | *D*: 18 cm

VÉGÉTAUX | *BOTANICAL*:
Asparagus 'Medeola' • Dendrobium • Sarracenia

ACCESSOIRES | *ACCESSORIES*:
Fil de fer floraltapé | *Iron wire wrapped in floral tape*
Fil de laiton | *Binding wire*
Fil de laiton zigzag | *Zigzag binding wire*
Fil flashy (Oasis) | *Aluminium wire (Oasis)*
Sisal synthétique | *Artificial sisal*

BIOGRAPHIE

Etudes artistiques
Brevet Professionnel Fleuriste en 1989
Diplôme de Formateur en 1998
Médaille d'Or Coupe des Fleuristes d'Ile de France en 1989 et 1990
Finaliste Coupe de France en 1990 et 1991
Médaille d'Or Championnat d'Europe par équipe en 2003
Meilleur Ouvrier de France en 2004
Chevalier de l'Ordre du Mérite Agricole en 2007

Parutions dans la presse nationale et internationale
Co-auteur du livre Structures en Art Floral en 2007
Membre de la société des Meilleurs Ouvriers de France

En 2007, création à Paris du Centre de Formation MULTIETNIES
Cours pour fleuristes et formateurs, préparations aux concours,
démonstrations, expositions artistiques, formation d'apprentis.
Jury d'examen et concours nationaux et internationaux

BIOGRAPHY

Art studies
Graduated as a professional florist in 1989
Teachers certificate in 1998
Gold Medal at Ile de France Florist Cup in 1989 and 1990
Finalist for the French Cup in 1990 and 1991
Gold Medal winner at the European Team Championship in 2003
Awarded the title 'Meilleur Ouvrier de France' in 2004
Knight in the Order of Agricultural Merit in 2007

Publications and articles in national and international press
Co-author of the book Floral Art Structures (2007)
Member of the association of 'Meilleurs Ouvriers de France'

*Foundation of MULTIETNIES, a study centre for florists and floral
trainers, in Paris (2007).*
*Trainer for florists and educators, specialized in preparation for
competitions, demonstrations, organizing art expositions and
beginner's formation.*
Judge for national and international exams and competitions.

Muriel Le Couls

Muriel remercie vivement | *Muriel would like to thank:*

ses fournisseurs qui par leur passion ont contribué à l'élaboration
de Structures en Art Floral 2 |
*her suppliers, their passion contributed greatly to making Floral Art
Structures 2 a success:*
- Jean-Philippe et Jean-Yves: PENJA Rungis
- Maxime: FLEURASSISTANCE Rungis
- Mme Caze: FEUILLAGES CORRÉRIENS Rungis
- Toute l'équipe FEUILLAZUR Rungis

ses assistants motivés et surtout totalement indispensables |
her assistants, for their indispensable helping hands
- Ronan Quilliou
- Frédéric Dupré
- Sébastien Schol
- Benoît Cante
- Clément, Marie-Hélène, Kaili, Josiane, Monique, Arnaud

ses partenaires, Lisa White pour sa vision de notre travail et Pierre
Yves Duval pour la qualité des photos |
*her partners: Lisa White for her vision on the works and designs and
Pierre Yves Duval for the exceptional photography.*

sa famille, Ylann, Pierre et Tom pour leur patience |
her family, Ylann, Pierre and Tom for their patience

Gil pour son talent et son amitié |
Gil for his talent and friendship

BIOGRAPHIE

°1970

Etudes secondaires scientifiques
Brevet Professionnel Fleuriste en 2000
Médaille d'Or Coupe des Fleuristes d'Ile de France en 2002
Prestige d'Argent Hortiflor en 2003
Finaliste Coupe de France en 2003
Meilleur Ouvrier de France en 2004
Chevalier de l'Ordre du Mérite Agricole
Finaliste Coupe du Monde des Fleuristes en 2010

- Nombreuses publications dans la presse professionnelle nationale et internationale
- Parution du livre *Structures en Art Floral* en 2007
- Membre du comité des Meilleurs Apprentis de France et des Meilleurs Ouvriers de France
- Conseiller de l'Enseignement technologique pour l'Académie de Paris
- Membre du Groupe d'Art Floral Interflora France
- Reprend l'entreprise de Jean-Michel Mertens (Meilleur Ouvrier de France et Champion du Monde des Fleuristes) en 2005
- Depuis : formation d'apprentis, cours pour fleuristes, préparation aux concours, jury d'examens, jury de concours nationaux et internationaux, shows floraux, démonstrations

BIOGRAPHY

°1970

Studied science in secondary school
Professional florist's certificate in 2000
Gold medal at the Coupe des Fleuristes d'Ile de France in 2002
Hortiflor Silver Prestige Award in 2003
World Cup finalist in 2003
Awarded the honorary title 'Meilleur Ouvrier de France' in 2004
Knight in the Order of Agricultural Merit
Interflora World Cup finalist for France in 2010

- *Numerous publications in the professional press, both national and international*
- *Release of the book* Floral Art Structures *in 2007*
- *Member of the committee of the 'Meilleurs Apprentis' and 'Meilleurs Ouvriers' de France*
- *Consultant for the Paris Academy*
- *Member of the group 'Art Floral Interflora France'*
- *Took over the company of Jean-Michel Mertens (Meilleur Ouvrier de France and World Champion in floral design) in 2005*
- *Frequent teacher, demonstrator, advisor, consultant, member in national and international panels and judge for floral design competitions and exams*

Gil Boyard

Gil remercie chaleureusement | *Gil warmly thanks:*

ses fournisseurs. Pour leur implication dans sa recherche de végétaux |
his suppliers, for their role in the search for the right materials:
- Penja Rungis
- Végétal Rungis
- Feuillages Corréziens Rungis
- Fleurassistance Rungis
- Fleurs du moulin Rungis
- Hortipole Van Duin

ses maîtres verriers. Pour la conception de pipettes en verre sur mesure |
the glass makers. For the made-to-measure glass tubes:
- Fernando Agostinho, maître verrier : www.agosthinofernando.com
- Stéphane Rivoal, maître verrier : www.stefanrivoal.com

pour leur soutien | *for their support:*
- Smithers Oasis France : www.oasisfloral.com
- Koziol Allemagne : www.koziol.de

Gil remercie tout particulièrement ses assistants |
special thanks go out to Gil's assistants:
- Nicolas Rosière
- Clément Petit
- Mélody Levêque
- Benoit Cante
- Leslie Brille
- Laurent, Ronan, Brice, Maxime, Martine

Gil remercie sincèrement | *Gil sincerely thanks :*
- Lisa White (thehorticulturalist.wordpress.com) et Pierre Yves Duval
  pour leur collaboration et bien sûr Muriel pour avoir partagé cette
  nouvelle aventure extrêmement enrichissante. |
  *Lisa White (thehorticulturalist.wordpress.com) and Pierre Yves Duval
  for their collaboration and of course Muriel for sharing this enriching
  adventure once again.*

Auteurs | Authors

Gil Boyard
Gil Boyard Fleuriste SARL
207, avenue du Général Leclerc
F-94700 Maisons Alfort
Tel +33 1 43 53 02 00
Fax +33 1 43 53 03 49
www.gilboyard.com
contact@gilboyard.fr
facebook: Gil Boyard Fleuriste

Muriel Le Couls
MultiEtnies. Formation Art Floral
23, rue d'Alésia
F-75014 Paris
Tel +33 607 53 38 04
Fax +33 143 22 82 91
www.multietnies.com
muriel@multietnies.com

Photographies | Photography
Pierre-Yves Duval
72, rue de la Mare
F-75020 Paris
Tel +33 6 80 43 34 02

Rédaction finale | Final editing
Katrien Van Moerbeke
Karel Puype

Mise en page | Layout
www.groupvandamme.eu

Impression | Print
www.pureprint.be

Une édition de | Published by
Stichting Kunstboek bvba
Legeweg 165
B-8020 Oostkamp
Tel. +32 50 46 19 10
Fax +32 50 46 19 18
info@stichtingkunstboek.com
www.stichtingkunstboek.com

ISBN 978-90-5856-306-4
D/2010/6407/25
NUR 421